すきま時間にできる！

楽しい算数ワーク

小学 2 年生

岩村繁夫・片桐裕昭

いかだ社

も く じ

すきま時間に楽しく学ぶ算数

　2年生の教科書を開くと17〜21の単元が並び、学ぶ量の多さに驚かされることでしょう。しかし、たとえば、「ひょうとグラフ」は3年生の「ぼうグラフ」の準備体操のような内容であり、「分数」は3年生以降の分数とは大違いで、"半分が $\frac{1}{2}$、その半分が $\frac{1}{4}$" 程度のことがわかれば問題ありません。そのように見ていくと大事な単元はそれほど多くなく、本書では10の単元を取り上げることにしました。また、各単元の学習内容も精査し、単元の本質にせまるものを1ページ1ページに絞りこみました。

　一方、教科書で扱っていなくても重要なものは付け加えました。

　たとえば、「かさ」ではL、dL、mLが教科書にありますが、本書ではcLも扱っています。これにより、1 mL × 10 が 1cL、1cL × 10 が 1 dL、1 dL × 10 が 1L という十進構造が理解できるからです。

　計算問題にも図を添え、繰り上がりや繰り下がりの意味を考えながら練習できるようにしました。

　また、低学年の子どもたちの集中力は15分程度といわれています。このワークシートも1ページを5〜10分程度でできるようにつくりました。学校の朝学習の時間に、学童クラブでは子どもたちが集まってくる頃に、ご家庭では食後のデザート代わりとして、すきまの時間に楽しく使ってもらえたらありがたいです。

　なお、本書はその多くを片桐裕昭さんが長年、授業で活用した手づくりのプリントをもとに作成しました。

　　　　　　　　　　　　　　　　　　　　　　　　　　　　　岩村繁夫

時こくと時間

時計読みは難しい

　1年生には「なんじなんぷん」、2年生には「時こくと時間」という単元がありますが、多くの先生たちがこの単元で悩んでいます。よくできる子も多いのですが、苦手な子に一生懸命教えてもなかなか理解してくれないのです。いくつかの理由があります。

①時計の文字盤は数直線を丸めたものです。数直線そのものの理解も難しく、しかも文字盤に書かれている数字は時針用で、分針の目盛りはありません。

②針が2本、秒針も入れたら3本。それらが常に動いていることを理解するのはかなり難しいことです。

③そもそも子どもたちに分針は必要なのでしょうか。学校に出かける時刻や休み時間が終わる時刻は分刻みで読めたほうがいいですが、遊ぶ時には1分2分を気にせずに夢中になって遊んでほしいものです。

　ちなみに、ゼンマイ時計ができた当時のヨーロッパには分針がなく、針は1本でした。今の子どもたち同様、細かい時刻はあまり気にならなかったのかもしれません。

④わたしたちの身の回りには、デジタル時計がずい分増えました。そろばんの習熟を学校に求めなくなったように、アナログ時計の読みかたも学校で扱わない時代が近づいているような気がします。

　時計が読めない子どもたちの気持ちをよく理解した上で指導にあたりたいものです。

　本書では、最初に時針と分針を分けた単針時計を用いて、別々に読む練習を入れてみました。

　また、時間と時刻を区別しやすいように、時間には「2分間」のように「間」をつけました。

2年の
01
さんすう

単元 時こくと時間
時計を読む

べんきょうした日　　　月　　　日

なまえ

1 みじかいはりだけの時計です。何時でしょう。3時と4時の間にある時は
3時です。

①

□ 時

②

□ 時

③

□ 時

④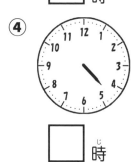

□ 時

⑤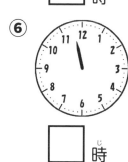

□ 時

⑥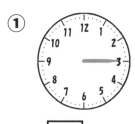

□ 時

2 長いはりだけの時計です。何分でしょう。

①

□ 分

②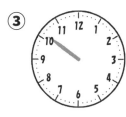

□ 分

③

□ 分

10時35分ね。
数字を読めば
すぐにわかるわ

はりが2本もあるし、
どこにも35って
書いていないね

Point!
はりのある時計は、みじかいはりと長いは
りをべつべつに見ると読みやすくなります。

6

1 下（した）の時計（とけい）のあらわす時（じ）こくを書（か）きましょう。

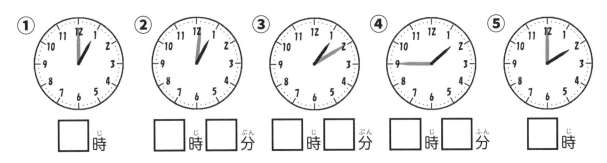

① □時

② □時□分

③ □時□分

④ □時□分

⑤ □時

2 （　）にあてはまる数（かず）を書（か）きましょう。

① 時計（とけい）の長（なが）いはりが 1 めもり進（すす）む時間（じかん）を（　　　　）分間（ふんかん）といいます。

② 時計（とけい）の長（なが）いはりがひとまわりする時間（じかん）は（　　　　）分間（ふんかん）です。

③ 60 分間（ぷんかん）を（　　　　）時間（じかん）といいます。

3 （　）にあてはまる数（かず）を書（か）きましょう。

① 1 時間（じかん）=（　　　　）分間（ぷんかん）

② 1 時間（じかん）10 分（ぷん）=（　　　　）分間（ぷんかん）

③ 80 分間（ぷんかん）=（　　　　）時間（じかん）（　　　　）分（ぷん）

4 時計（とけい）を見（み）て答（こた）えましょう。

① 今（いま）の時（じ）こくは、（　　　）時（じ）（　　　）分（ぷん）です。

② 10 分前（ふんまえ）の時（じ）こくは、（　　　）時（じ）（　　　）分（ぷん）です。

③ 30 分前（ぷんまえ）の時（じ）こくは、（　　　）時（じ）（　　　）分（ぷん）です。

④ 10 分（ぷん）あとの時（じ）こくは、（　　　）時（じ）（　　　）分（ぷん）です。

2年の
さんすう
03 〉 単元 時こくと時間
午前と午後

べんきょうした日 ____ 月 ____ 日

なまえ

1 □にあてはまることばや数を書きましょう。

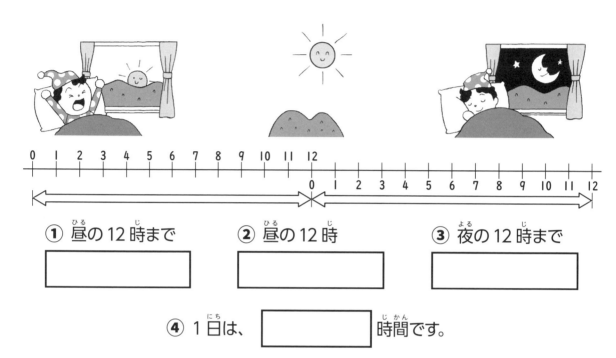

① 昼の 12 時まで

② 昼の 12 時

③ 夜の 12 時まで

④ 1 日は、□□□ 時間です。

2 下の時計のあらわす時こくを午前、午後をつけて書きましょう。

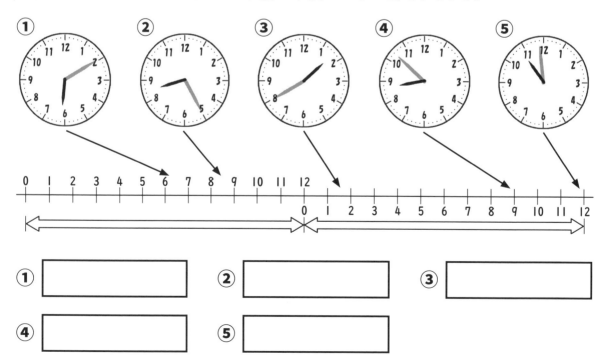

① □□□

② □□□

③ □□□

④ □□□

⑤ □□□

2年の
04
さんすう

単元 2けたのたし算
タイル

べんきょうした日　　　月　　　日

なまえ

算数には、りんごとかえんぴつとか本とかおり紙とか、いろいろな
ものが出てきますね。でも、いちいち絵にしていたらたいへんです。

そこで、それらをまとめて、□であらわすことにします。
これを「タイル」といいます。りんご 3 こや、えんぴつ 3 本は、□□□と
なります。（たてにしてもいいですよ）

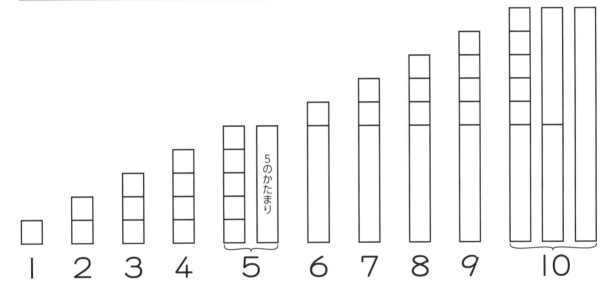

5のかたまり

1　2　3　4　5　6　7　8　9　10

1 下のタイルのあらわす数を（　）に書きましょう。

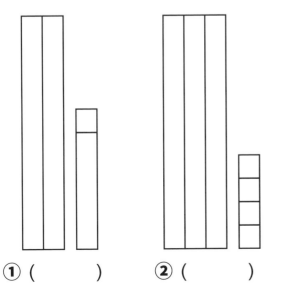

① (　　　　)　② (　　　　)

単元 2けたのたし算
ひっ算

べんきょうした日　　　月　　　日

なまえ

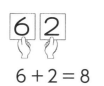

$6 + 2 = 8$

$$\begin{array}{r} 6 \\ + 2 \\ \hline 8 \end{array}$$

$6 - 2 = 4$

$$\begin{array}{r} 6 \\ - 2 \\ \hline 4 \end{array}$$

$\begin{array}{r} 6 \\ + 2 \\ \hline 8 \end{array}$ や $\begin{array}{r} 6 \\ - 2 \\ \hline 4 \end{array}$ のような計算のしかたを「ひっ算」といいます。

1 ひっ算をしましょう。

① $\begin{array}{r} 8 \\ + 4 \\ \hline \end{array}$　　② $\begin{array}{r} 6 \\ + 9 \\ \hline \end{array}$　　③ $\begin{array}{r} 8 \\ + 8 \\ \hline \end{array}$

④ $\begin{array}{r} 12 \\ - 9 \\ \hline \end{array}$　⑤ $\begin{array}{r} 17 \\ - 8 \\ \hline \end{array}$　⑥ $\begin{array}{r} 14 \\ - 6 \\ \hline \end{array}$　⑦ $\begin{array}{r} 13 \\ - 7 \\ \hline \end{array}$

2 ひっ算になおして、計算をしましょう。
　 ひっ算をする時は、くらいをそろえて書きます。

① $14 - 7 =$　　② $16 - 7 =$　　③ $12 - 4 =$　　④ $11 - 2 =$

$\begin{array}{r} 14 \\ - 7 \\ \hline \end{array}$　　$\begin{array}{r} 16 \\ - \\ \hline \end{array}$　　$\begin{array}{r} \\ - \\ \hline \end{array}$　　$\begin{array}{r} \\ - \\ \hline \end{array}$

単元 2けたのたし算
2けたのたし算1

1 2年1組は23人、2年2組は24人です。
あわせて何人ですか。

① しきを書きましょう。

しき _____

② 右にタイルをかいて、答えをたしかめましょう。

答え _____

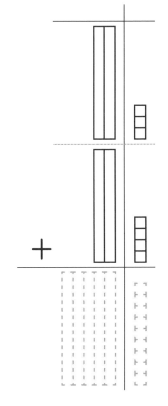

2 計算をしましょう。

①
```
  4 2
+ 5 2
```

②
```
  1 3
+ 8 4
```

③
```
  7 3
+ 2 1
```

④
```
  3 6
+ 2 1
```

⑤
```
  4 3
+ 2 3
```

⑥
```
  4 5
+ 4 1
```

⑦
```
  3 2
+ 6 2
```

⑧
```
  5 1
+ 2 4
```

2年の
07
さんすう
単元 2けたのたし算
2けたのたし算2

べんきょうした日　　　月　　　日

なまえ

1 赤い色えんぴつが 16 本、みどりの色えんぴつが 3 本あります。色えんぴつは、ぜんぶで何本でしょう。

① しきを書きましょう。

しき _____

② 右にタイルをかいて、答えをたしかめましょう。

答え _____

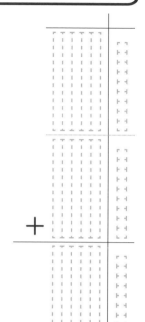

2 計算をしましょう。

①
```
  7 2
+   6
─────
```

②
```
  1 8
+   1
─────
```

③
```
    4
+ 6 3
─────
```

④
```
    5
+ 9 3
─────
```

3 ひっ算で計算しましょう。

① 40 + 5

② 20 + 8

③ 4 + 70

④ 2 + 90

①
```
  4 0
+   5
─────
```

②
```
+
─────
```

③
```
    4
+
─────
```

④
```
+
─────
```

「37 ＋ 25」の計算のしかたを考えましょう。

十の位から計算すると　　一の位が10をこえてしまう　　けしごむをつかうことに……

$$
\begin{array}{r}37\\+25\\\hline\end{array}
\Rightarrow
\begin{array}{r}37\\+25\\\hline 5\end{array}
\Rightarrow
\begin{array}{r}37\\+25\\\hline 5\,12\end{array}
\Rightarrow
\begin{array}{r}37\\+25\\\hline 12\end{array}
\Rightarrow
\begin{array}{r}37\\+25\\\hline 62\end{array}
$$

$$
\begin{array}{r}37\\+25\\\hline\end{array}
\Rightarrow
\begin{array}{r}37\\+25\\\hline\ \ 2\end{array}
\Rightarrow
\begin{array}{r}37\\+25\\\hline 62\end{array}
$$

はじめに一の位を計算します。つぎに十の位を計算します。十の位の計算は、「3 ＋ 2 ＋ 1」です。

1 計算をしましょう。

①
$$\begin{array}{r}74\\+18\\\hline\end{array}$$
②
$$\begin{array}{r}63\\+29\\\hline\end{array}$$
③
$$\begin{array}{r}37\\+46\\\hline\end{array}$$
④
$$\begin{array}{r}59\\+27\\\hline\end{array}$$

⑤
$$\begin{array}{r}32\\+49\\\hline\end{array}$$
⑥
$$\begin{array}{r}17\\+55\\\hline\end{array}$$
⑦
$$\begin{array}{r}26\\+16\\\hline\end{array}$$
⑧
$$\begin{array}{r}78\\+19\\\hline\end{array}$$

⑨
$$\begin{array}{r}29\\+37\\\hline\end{array}$$
⑩
$$\begin{array}{r}44\\+28\\\hline\end{array}$$
⑪
$$\begin{array}{r}64\\+28\\\hline\end{array}$$
⑫
$$\begin{array}{r}24\\+16\\\hline\end{array}$$

 単元 **2けたのたし算**
2けたのたし算4

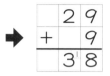

べんきょうした日 ＿＿＿月＿＿＿日

なまえ

「29 ＋ 9」の計算のしかたを考えましょう。

```
  2 9        2 9        2 9
+   9   →  +   9   →  +   9
              8        3 8
```

はじめに一の位を計算します。
つぎに十の位を計算します。
十の位の計算は、
「2 ＋ 1」です。

---

1 計算をしましょう。

①
```
  2 8
+   6
```

②
```
  4 7
+   5
```

③
```
  3 9
+   8
```

④
```
  5 5
+   6
```

⑤
```
  4 4
+   8
```

⑥
```
  2 9
+   7
```

⑦
```
    4
+ 2 7
```

⑧
```
    2
+ 3 9
```

---

2 ひっ算にして計算をしましょう。

① 3 ＋ 28
```
    3
+ 2 8
```

② 4 ＋ 49
```
+
```

③ 5 ＋ 86
```
+
```

④ 9 ＋ 23

⑤ 8 ＋ 52

⑥ 7 ＋ 39

⑦ 6 ＋ 24

⑧ 4 ＋ 36

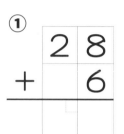
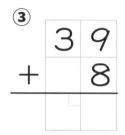
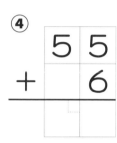

1 もんだいを読んで、しきを書いたら、ひっ算をして答えを書きましょう。

① 36円のえんぴつを1本と、47円のけしごむを1こ
買いました。代金は、ぜんぶでいくらですか。

ひっ算

しき

答え

② 算数を36分間、国語を28分間勉強しました。
合わせて、何分間になりますか。

ひっ算

しき

答え

③ ちゅう車場に車が54台とまっています。そこに、
8台入ってきました。車はぜんぶで何台になりますか。

ひっ算

しき

答え

④ 3組の人数は29人、4組の人数は28人です。
3組と4組を合わせると、何人になりますか。

ひっ算

しき

答え

15

単元 **2けたのひき算**
2けたのひき算1

1 58ページの本があります。今日、24ページ読みました。
のこりは何ページですか。
しきとタイルをかいて、答えを書きましょう。

しき _____

答え _____

$$- \quad 2 \mid 4$$

2 計算をしましょう。

①
$$\begin{array}{r} 7\,9 \\ -\ 6\,4 \\ \hline \end{array}$$

②
$$\begin{array}{r} 3\,6 \\ -\ 1\,5 \\ \hline \end{array}$$

③
$$\begin{array}{r} 4\,3 \\ -\ 3\,1 \\ \hline \end{array}$$

④
$$\begin{array}{r} 9\,9 \\ -\ 3\,2 \\ \hline \end{array}$$

⑤
$$\begin{array}{r} 2\,6 \\ -\ 1\,3 \\ \hline \end{array}$$

⑥
$$\begin{array}{r} 7\,4 \\ -\ 4\,4 \\ \hline \end{array}$$

⑦
$$\begin{array}{r} 4\,7 \\ -\ 3\,0 \\ \hline \end{array}$$

⑧
$$\begin{array}{r} 5\,7 \\ -\ 4\,0 \\ \hline \end{array}$$

⑨
$$\begin{array}{r} 8\,0 \\ -\ 5\,0 \\ \hline \end{array}$$

べんきょうした日　　　　　月　　　日

なまえ

1 木の上に小鳥が 29 羽いました。そのうち、23 羽が
とんでいきました。のこった小鳥はぜんぶで何羽です
か。しきとタイルをかいて、答えを書きましょう。

$$-\ 2\ |\ 3$$

しき _____

答え _____

2 計算をしましょう。

①
$$\begin{array}{r} 5\ 8 \\ -\ 5\ 2 \\ \hline \end{array}$$

②
$$\begin{array}{r} 6\ 7 \\ -\ 6\ 4 \\ \hline \end{array}$$

③
$$\begin{array}{r} 5\ 8 \\ -\ 5\ 0 \\ \hline \end{array}$$

④
$$\begin{array}{r} 8\ 6 \\ -\ 8\ 0 \\ \hline \end{array}$$

⑤
$$\begin{array}{r} 4\ 7 \\ -\ 4\ 5 \\ \hline \end{array}$$

⑥
$$\begin{array}{r} 3\ 9 \\ -\ 3\ 8 \\ \hline \end{array}$$

⑦
$$\begin{array}{r} 9\ 9 \\ -\ 9\ 9 \\ \hline \end{array}$$

⑧
$$\begin{array}{r} 3\ 8 \\ -\ \ \ 5 \\ \hline \end{array}$$

⑨
$$\begin{array}{r} 2\ 2 \\ -\ \ \ 0 \\ \hline \end{array}$$

単元 **2けたのひき算**
2けたのひき算3

「57 − 19」の計算のしかたを考えましょう。

　　　　　　　　　　7 − 9 は　　　　　けしごむを
　　　　　　　　　　とれません　　　　つかうことに……

$$
\begin{array}{r} 57 \\ -19 \\ \hline \end{array}
\;\Rightarrow\;
\begin{array}{r} 57 \\ -19 \\ \hline 4 \end{array}
\;\Rightarrow\;
\begin{array}{r} 57 \\ -19 \\ \hline 4\,? \end{array}
\;\Rightarrow\;
\begin{array}{r} 57 \\ -19 \\ \hline ? \end{array}
\;\Rightarrow\;
\begin{array}{r} 57 \\ -19 \\ \hline 38 \end{array}
$$

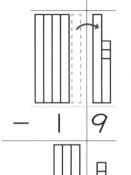

$$
\begin{array}{r} 57 \\ -19 \\ \hline \end{array}
\;\Rightarrow\;
\begin{array}{r} {}^{4}\!\!\!\!\diagup\,{}^{10} \\ 5\!\!\!\diagup 7 \\ -19 \\ \hline 8 \end{array}
\;\Rightarrow\;
\begin{array}{r} {}^{4}\!\!\!\!\diagup\,{}^{10} \\ 5\!\!\!\diagup 7 \\ -19 \\ \hline 38 \end{array}
$$

7 から 9 はとれないので、
十の位から1本もらって、
17 にします。
はじめに「17 − 9」をします。

---

1 計算をしましょう。

①
$$
\begin{array}{r} 31 \\ -12 \\ \hline \end{array}
$$

②
$$
\begin{array}{r} 63 \\ -29 \\ \hline \end{array}
$$

③
$$
\begin{array}{r} 72 \\ -39 \\ \hline \end{array}
$$

④
$$
\begin{array}{r} 60 \\ -27 \\ \hline \end{array}
$$

⑤
$$
\begin{array}{r} 80 \\ -46 \\ \hline \end{array}
$$

⑥
$$
\begin{array}{r} 50 \\ -22 \\ \hline \end{array}
$$

⑦
$$
\begin{array}{r} 43 \\ -38 \\ \hline \end{array}
$$

⑧
$$
\begin{array}{r} 84 \\ -76 \\ \hline \end{array}
$$

⑨
$$
\begin{array}{r} 73 \\ -65 \\ \hline \end{array}
$$

⑩
$$
\begin{array}{r} 50 \\ -48 \\ \hline \end{array}
$$

⑪
$$
\begin{array}{r} 70 \\ -63 \\ \hline \end{array}
$$

⑫
$$
\begin{array}{r} 80 \\ -73 \\ \hline \end{array}
$$

単元 **2けたのひき算**
2けたのひき算4

「72 − 8」の計算のしかたを考えましょう。

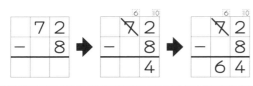

はじめに一の位を計算します。
十の位の計算は、「12 − 8」です。

1 計算をしましょう。

①
```
   3 2
 −   8
```

②
```
   5 4
 −   7
```

③
```
   7 1
 −   3
```

④
```
   6 2
 −   4
```

⑤
```
   2 0
 −   2
```

⑥
```
   6 0
 −   9
```

⑦
```
   5 0
 −   6
```

⑧
```
   2 0
 −   1
```

2 ひっ算にして計算をしましょう。

① 57 − 29

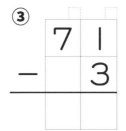

```
   5 7
 − 2 9
```

② 40 − 17

③ 36 − 29

④ 80 − 61

⑤ 54 − 6

⑥ 63 − 8

⑦ 40 − 2

⑧ 30 − 5

2年の
15
さんすう

単元 2けたのひき算
ぶんしょうもんだい

べんきょうした日　　　　月　　　日

なまえ

1 もんだいを読んで、しきを書いたら、ひっ算をして答えを書きましょう。

① 池に金魚が 73 びきいます。46 ぴきすくいました。
のこりは何びきですか。

ひっ算

しき

答え

② 48 まいあったおり紙を 39 まいつかいました。
何まいのこっているでしょう。

ひっ算

しき

答え

③ 玉入れの用意をします。箱に 54 この赤い玉と白い玉が入っ
ていました。赤い玉は28こでした。白い玉はいくつですか。

ひっ算

しき

答え

④ 青いえんぴつが 29 本、赤いえんぴつが 47 本あります。
どちらが何本多いですか。

ひっ算

しき

答え　　　　　　　が　　　　　　多い

3けたの数

十進位取り記数法の理解

　「にじゅうさん」を「203」と書く子がいます。「にじゅう」と「さん」がつながっているので、20と3をつなげて「203」を書いてしまうのです。23と正しく書ける子の中にも、十進位取り記数法を理解しないまま、「にじゅうさん」を1つの漢字のように覚えて「23」と書いている子もいます。

　では、「にじゅうさん」はどうして「23」と書くのでしょう。十進位取り記数法では、右端の数が一の位の個数を表し、右から2番目の数が十の位（10の固まり）の個数を表し、右から3番目の数が百の位（100の固まり）の数の個数を表すという約束があるからです。そして、十の固まりが2個あるので「にじゅう」と読むことになります。十進位取り記数法の仕組みはなかなか複雑で、子どもたちを悩ませる単元の1つです。

タイルの活用

　正方形の半具体物を「タイル」と名づけます。バラバラのタイルを10個つなげると棒状になって、1本2本のように数えます。その棒状のタイルを横に10本つなげると大きな板状の正方形になります。板状なので1枚2枚のように数えます。

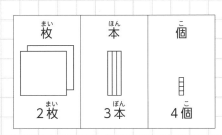

　左の図では、百のタイルが2枚、十のタイルが3本、バラのタイルが4個あります。これを子どもたちに、「2枚3本4個」と読ませます。

　この読み方を練習したのち、枚を「百」に、本を「十」に、バラには何もつけないで読ませると、「2百3十4」と読めるようになります（0と1は特殊な数であり、読み方に工夫が必要です）。

　正方形のタイルは辺と辺をくっつけることができる（結集性）ので、十進位取り記数法などの十進構造の理解に適しています。本書でもいろいろな場面でタイルを活用しています。

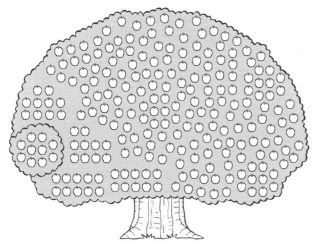

りんごが
たくさんなっていますね。
何こあるかしらべてみましょう。
はじめに、10こずつ
かこんでみました

1 右のタイルを見て答えを書きましょう。

① 十が 10 本で (　　　　) といいます。

かん字で書きましょう。

② 百 (100) が (　　　) まい

十 (10) が (　　) 本

一 (　1) が (　　) こあります。

③ 二百と三十と六を合わせた数を

数字で (　　　　　　) と書きます。

りんごをタイルであらわします。

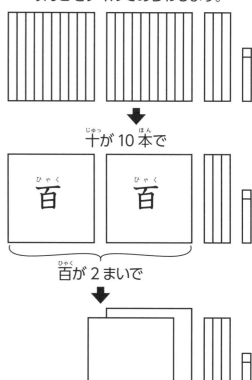

十が 10 本で

| 百 | 百 |

百が 2 まいで

1 タイルを見て、数字とことばになおしましょう。

〈れい〉

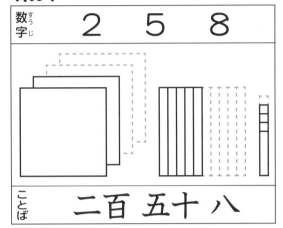

数字 **2 5 8**

ことば 二百 五十 八

①

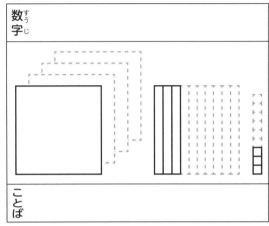

②

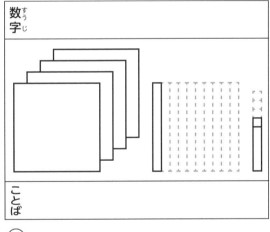

③

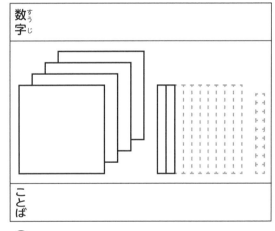

④

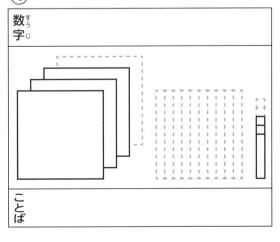

⑤

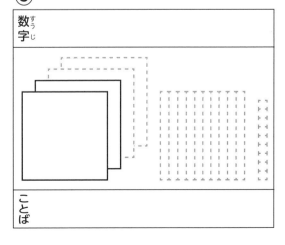

2年の
18
さんすう

単元 3けたの数
どちらが大きい？

べんきょうした日　　　　月　　　日

なまえ

1 （　　）の中に、＞ ＜ ＝ のうち、あてはまる記号を書きましょう。

①

②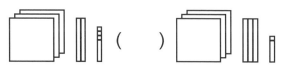

③

④

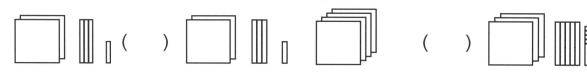

⑦ 　345（　）611

⑧ 　709（　）790

⑨ 　765（　）780

⑩ 　600（　）600

⑪ 　1000（　）990

1 □にあてはまる数を書きましょう。

①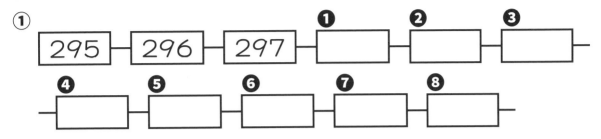

295 — 296 — 297 — ❶□ — ❷□ — ❸□

❹□ — ❺□ — ❻□ — ❼□ — ❽□

②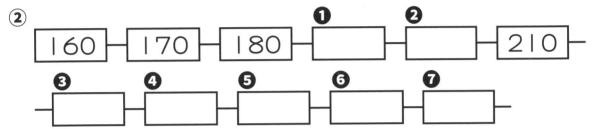

160 — 170 — 180 — ❶□ — ❷□ — 210

❸□ — ❹□ — ❺□ — ❻□ — ❼□

③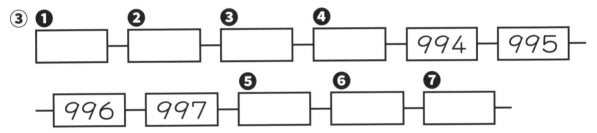

❶□ — ❷□ — ❸□ — ❹□ — 994 — 995

996 — 997 — ❺□ — ❻□ — ❼□

④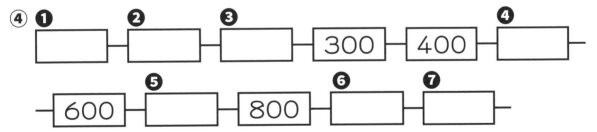

❶□ — ❷□ — ❸□ — 300 — 400 — ❹□

600 — ❺□ — 800 — ❻□ — ❼□

2 はたの立っているところの数を□に書きましょう。

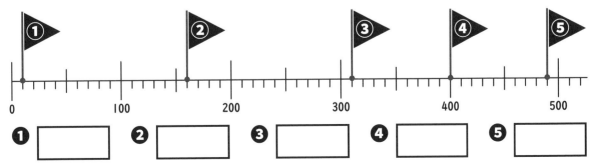

❶□　❷□　❸□　❹□　❺□

2年の
さんすう
20

単元 3けたの数
10 がいくつ?

べんきょうした日 ＿＿＿＿ 月 ＿＿＿ 日

なまえ

1 問題を読んで、( ) の中に数を書きましょう。

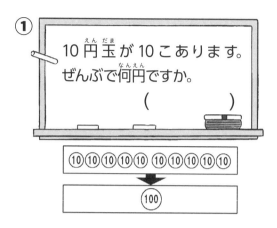

① 10円玉が10こあります。
ぜんぶで何円ですか。
( )

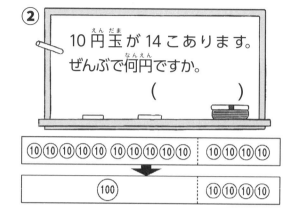

② 10円玉が14こあります。
ぜんぶで何円ですか。
( )

❶ 10を48こあつめた数は、( ) です。

❷ 10を77こあつめた数は、( ) です。

❸ 10を91こあつめた数は、( ) です。

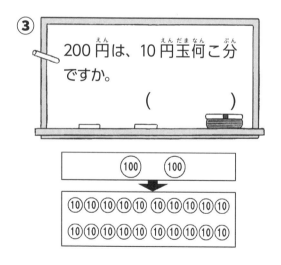

③ 200円は、10円玉何こ分
ですか。
( )

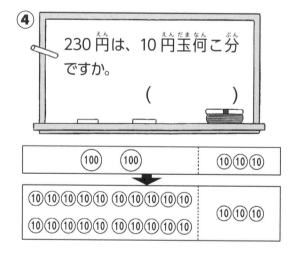

④ 230円は、10円玉何こ分
ですか。
( )

❶ 360は、10を( ) こあつめた数です。

❷ 780は、10を( ) こあつめた数です。

❸ 990は、10を( ) こあつめた数です。

かさ

分離量と連続量

わたしたちの身の回りにあるさまざまな量は分離量（離散量ともいいます）と連続量に分けられます。

りんごの個数や車の台数などの分離量は1つひとつが分かれているので、目で見ただけで数と結びつきます。一方、長さや広さなどの連続量はずっとつながっているので、その大きさを数で表すには工夫が必要になります。それが「単位」です。

連続量は、人間が「これを1とする」と決めて初めてその大きさを数で表せるようになります。小学校では、長さ・かさ・重さ・広さ・体積などの連続量を学習しますが、その最初が2年生の「長さ」と「かさ」です（1年生でも扱っていますが、1年生では単位は登場せず、助走的な扱いになります）。

連続量は、一般的に次のような「4段階指導」という指導法が採用されることが多いのです。

直接比較……2つのものを直接近づけて大きさを比べる

間接比較……近づけられない場合は、仲立ちを用いて比べる

個別単位での比較……小さなものをもとにして、そのいくつ分かで比べる

普遍単位での比較……世界共通の単位を設定して比べる

かつて学校では、単位を子どもたちに天下り的に押しつけていました。4段階指導はその反省をもとに、単位を学ぶ意味を考え、先生たちが編み出した指導法なのです。

本書もこの指導法を意識しながら学習を進められるような工夫を取り入れています。

かさの学習で使うリットルます

Lますといえば円柱型のますが使われてきましたが、縦・横・深さが10cmの立方体型のLますが登場すると、このほうが利点が多いことがわかってきました。dLは縦と深さが10cmで横が1cmのます、mLは縦・横・深さが1cmのますを使います。単位の関係がわかりやすくなります。

2年の
21
さんすう

単元 かさ
どちらが多い?

べんきょうした日 　　　月　　　日

なまえ

1 どちらの水が多いでしょう。多いほうに○をつけましょう。

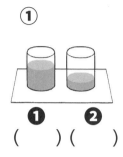
① ❶ ❷
（　　）（　　）

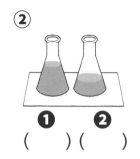
② ❶ ❷
（　　）（　　）

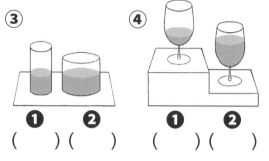
③ ❶ ❷
（　　）（　　）

④ ❶ ❷
（　　）（　　）

2 どの入れ物の水のかさが多いでしょう。多いじゅんにばんごうをつけましょう。

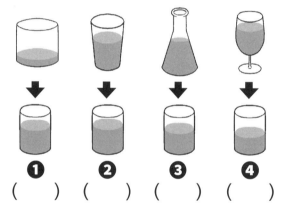
❶ ❷ ❸ ❹
（　　）（　　）（　　）（　　）

3 アとイのポットでは、どちらがどれだけ多くお茶が入っているでしょう。

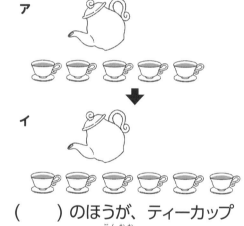
ア

イ

（　　　）のほうが、ティーカップ
（　　　）はい分多い。

4 すいとうとペットボトルに入っている水をコップではかりました。どちらがどれだけ多いですか。

すいとう

ペットボトル

（　　　　　）のほうが、コップ
（　　　）はい分多い。

同じ大きさの入れ物に入れて数えれば、どちらがどれだけ多いかわかりますね

2年の
さんすう
22

単元 かさ
リットル（L）

べんきょうした日 ＿＿＿ 月 ＿ 日

なまえ

1 ペットボトルとやかんに水が入っています。
それぞれ何ばいずつ入っていますか。

① コップで（ 　 ）はい

どちらが
多いかな？

② ゆのみちゃわんで（ 　 ）はい

コップと
ゆのみちゃわんの
大きさがちがうので、
くらべられないよ

水のかさのたんいに
リットル「L」が
あります

10cm
10cm
10cm
1 L

☆ かさのたんい「L」のれんしゅうをしましょう。

2 （ 　 ）にあてはまる数を書きましょう。

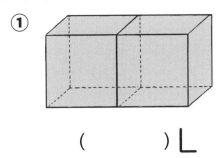

① （ 　 ）L

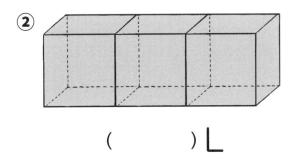

② （ 　 ）L

デシリットル（dL）

1L を 10 こに分けた
1 こ分のかさを
1 デシリットルといい
1dL と書きます

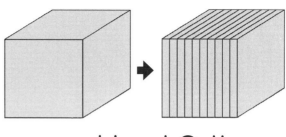

$1L = 10dL$

☆ かさのたんい「dL」のれんしゅうをしましょう。

dL	dL					

1 1L ますと 1dL ますではかりました。水のかさは、どれだけですか。

①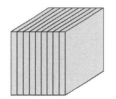

(　　　　　　　　　　)

②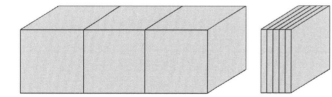

(　　　　　　　　　　)

③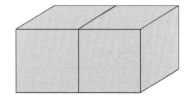

(　　　　　　　　　　)

2 (　　) にあてはまる数を書きましょう。

① $4L = ($ 　　　　$)dL$　② $25dL = ($ 　　$)L ($ 　　$)dL$

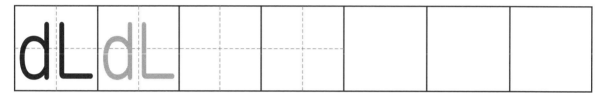

単元 **かさ**
センチリットル（cL）

べんきょうした日	月	日
なまえ		

1dL を 10 こに分けた
1 こ分のかさを
1 センチリットルといい、
1cL と書きます

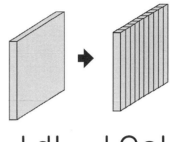

$$1dL = 10cL$$

☆ かさのたんい「cL」のれんしゅうをしましょう。

1 1L ますと 1dL ますと 1cL ますではかりました。水のかさはどれだけですか。

① 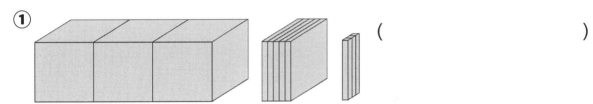　（　　　　　　　　　　）

② 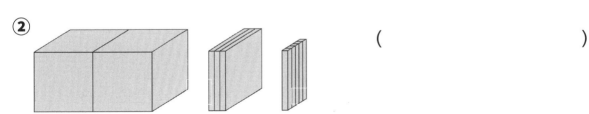　（　　　　　　　　　　）

2  かさの分だけますに色をぬりましょう。

① 2L 6dL 4cL　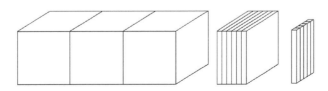

② 3L 5dL 2cL　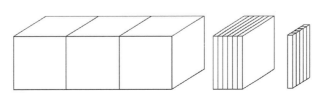

2年の
25
さんすう
単元 **かさ**
ミリリットル（mL）

べんきょうした日 ＿＿＿ 月 ＿＿＿ 日

なまえ

1cL を 10 こに分けた
1 こ分のかさを
1 ミリリットルといい、
1mL と書きます

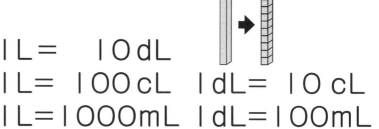

$$1L = 10\,dL$$
$$1L = 100\,cL \quad 1dL = 10\,cL$$
$$1L = 1000\,mL \quad 1dL = 100\,mL$$

☆ かさのたんい「mL」のれんしゅうをしましょう。

mL	mL						

1 1L ますと 1dL ますと 1cL ますと 1mL ますではかりました。
水のかさはどれだけですか。

①  (　　　　　　　　　　)

② 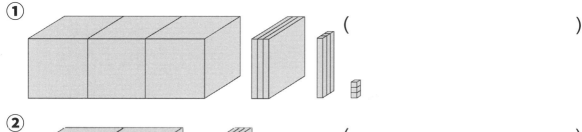 (　　　　　　　　　　)

2 (　　) にあてはまる数を書きましょう。

① 1L=(　　　　)dL　② 1L=(　　　　)cL

③ 1L=(　　　　)mL　④ 1dL=(　　　　)cL

⑤ 1dL=(　　　　)mL　⑥ 1cL=(　　　　)mL

単元 **かさ**
合わせて何リットル？

べんきょうした日 ＿＿＿ 月 ＿＿＿ 日

なまえ

1 右の図を見て答えましょう。
合わせて何 dL でしょう。

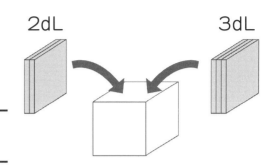

2dL   3dL

しき ＿＿＿＿＿＿＿＿＿＿＿＿＿＿

　　　答え ＿＿＿＿＿＿＿＿＿＿

2 つぎの計算をしましょう。

① 7L ＋ 5L=

② 10L ＋ 26L=

③ 6dL ＋ 3dL=

④ 12dL ＋ 35dL=

⑤ 16L － 9L=

⑥ 22L － 18L=

⑦ 40dL － 30dL=

⑧ 11dL － 3dL=

3 つぎの計算をしましょう。

① 3L4dL ＋ 1L2dL=

② 4L4dL ＋ 5L1dL=

③ 6L1dL ＋ 1L8dL=

④ 3L3dL ＋ 1L5dL=

⑤ 6L8dL － 1L6dL=

⑥ 3L5dL － 3L2dL=

⑦ 6L7dL － 2L=

⑧ 1L7dL － 7dL=

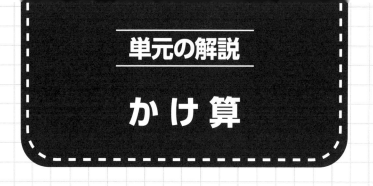

かけ算

かけ算の重要な学習内容

　3匹の金魚が入っている水槽に、コップ2杯の水を加えます。加えたのでたし算でしょうか。3+2=5 ですが、金魚は 5 匹にはなりません。3 匹 +2 匹 =5 匹、3 杯 +2 杯 =5 杯であることからもわかるように、通常、加減は＜同種の量の演算＞といわれます。それに対してかけ算は基本的に＜異種の量の演算＞です。

　1袋に 3 個のみかんが入っていて、そのような袋が 4 袋ある場合に、3 個 / 袋× 4袋で全部のみかんの数 12 個を求める演算がかけ算です。かけ算でもっとも重要な学習内容は、九九を覚えることではなく、「1 あたりの数（量）」や「いくつ分」を認識することです。授業では「1 あたりの数」を探したりしますが、ご家庭でも、「6 個ずつ入っているチーズの箱」「10 個ずつ入っている卵ケース」などを見つける体験などができると思います。

　本書でも、「1 あたりの数」「いくつ分」を見つけることを重視しています。

九九

　全国の 2 年生の子どもたちが九九を覚えようとがんばっています。先生たちも合格シールや九九博士などを目標にして子どもたちを励ましています。宿題もたくさん出され、ご家庭でも練習をすることでしょう。そのようにして多くの子が九九を覚えるのですが、クラスの中には暗記の苦手な子が必ずいます。九九が覚えられなくて算数嫌いになってしまう子もいます。少し時間はかかりますが、九九はタイル図やドット図をかいて数えれば求められます。5 の段の九九は時計の文字盤でわかるという子もいます。「長い針が 3 を指したら 15 分だから、5 × 3 =15」「葉っぱには虫がいる（8 × 8 =64）」「ナナちゃんはしくしく泣くよ（7 × 7 =49）」のように語呂合わせで覚える子もいます。九九を使うゲームなどもあります。がんばっている子をほめて励まして、楽しく九九を覚えさせてほしいと思います。

単元 **かけ算**
1あたりの数

1 れいにならって、（　　）に数とことばを書きましょう。

【れい】

おだんごの数は、（ **１本あたり３こ** ）

① ボールの数は、（ 　１はこあたり　　　　　　　）

② 三りん車のタイヤの数は、（　　　　　　　　　　　）

③ トンボの羽の数は、（　　　　　　　　　　　）

④ おさらの上のりんごの数は、（　　　　　　　　　）

⑤ カブトムシの足の数は、（　　　　　　　　　　）

⑥ テントウムシの丸いほしの数は、（　　　　　　　）

⑦ タコの足の数は、（　　　　　　　　　　　）

⑧ ふくろの中のドーナツの数は、（　　　　　　　　）

いくつ分？

1 【れい】 にならって、ひょうをかんせいさせましょう。

【れい】 三りん車が4台あります。タイヤはぜんぶで何こでしょう。

1あたりの数	いくつ分	ぜんぶの数
3こ	4だい	12こ

① はこの中のボールの数は、ぜんぶで何こでしょう。

1あたりの数	いくつ分	ぜんぶの数

② おさらの上のりんごの数は、ぜんぶで何こでしょう。

1あたりの数	いくつ分	ぜんぶの数

③ カブトムシの足の数は、ぜんぶで何本でしょう。

1あたりの数	いくつ分	ぜんぶの数

かけ算→ 1あたりの数×いくつ分＝ぜんぶの数

1 1パックあたり3このプリンが5パックあります。プリンはぜんぶで何こでしょう。

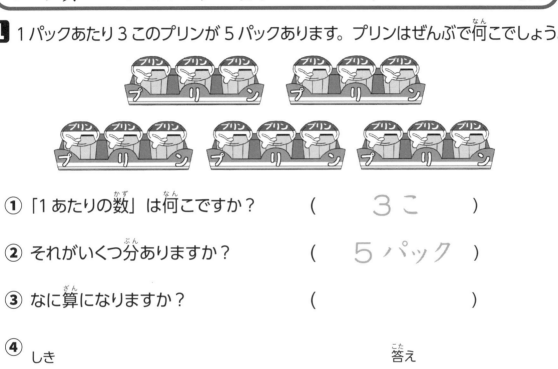

① 「1あたりの数」は何こですか？　　　（　　3こ　　）

② それがいくつ分ありますか？　　　（　5パック　）

③ なに算になりますか？　　　（　　　　　）

④ しき　　　　　　　　　　　　　　　　　答え

2 チーズの入ったはこが4はこあります。1はこあたり6こ入っています。
チーズはぜんぶで何こでしょう。

① 「1あたりの数」は何こですか？　　　（　　　　　）

② それがいくつ分ありますか？　　　（　　　　　）

③ なに算になりますか？　　　（　　　　　）

④ しき　　　　　　　　　　　　　　　　　答え

2年の
さんすう
30

単元 かけ算
5のだん

べんきょうした日　　　　月　　　　日

なまえ

1 インスタントラーメンが、1パックに5こ
入っています。4パックあったら、ぜんぶ
で何こになるでしょう。

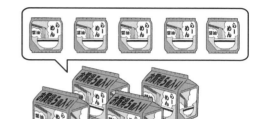

① 1あたりの数　（　　　　　　　）

　　いくつ分　　（　　　　　　　）

②

しき　　　　　　　　　　　　　　　　答え
_____

2 インスタントラーメンが、8パックあったら、ぜんぶで何こになるでしょう。

しき　　　　　　　　　　　　　　　　答え
_____

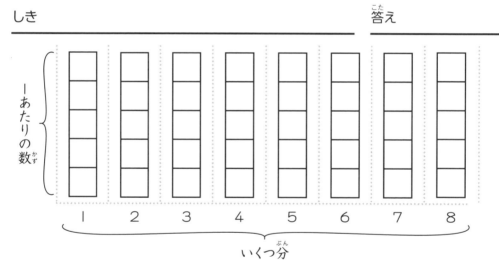

一あたりの数

1　2　3　4　5　6　7　8

いくつ分

3 計算をしましょう。

① 5 × 1 ＝　　　② 5 × 2 ＝　　　③ 5 × 3 ＝

④ 5 × 4 ＝　　　⑤ 5 × 5 ＝　　　⑥ 5 × 6 ＝

⑦ 5 × 7 ＝　　　⑧ 5 × 8 ＝　　　⑨ 5 × 9 ＝

2年の
31
さんすう

単元 かけ算
2 のだん

べんきょうした日　　　　月　　　日

なまえ

1 ヨーグルトが 4 パックあります。1 パックに 2 こ入っています。ヨーグルトは、ぜんぶで何こになるでしょう。

① 1 あたりの数　（　　　　　　　）　　いくつ分　（　　　　　　　）

②

しき _____　　答え _____

2 ヨーグルトが、7 パックあったら、ぜんぶで何こになるでしょう。

しき _____　　答え _____

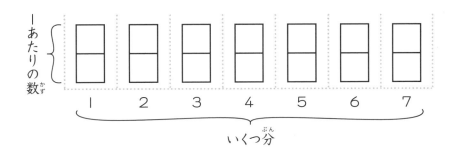

3 計算をしましょう。

① 2 × 1＝　　　② 2 × 2＝　　　③ 2 × 3＝

④ 2 × 4＝　　　⑤ 2 × 5＝　　　⑥ 2 × 6＝

⑦ 2 × 7＝　　　⑧ 2 × 8＝　　　⑨ 2 × 9＝

単元 **かけ算**
３のだん

べんきょうした日　　　　月　　　日

なまえ

1 三りん車が５台あります。タイヤはぜんぶで何こでしょう。
（三りん車のタイヤは、１台あたり３こです。）

① １あたりの数　（　　　　　　　　）　　いくつ分　（　　　　　　　　）

②

しき　　　　　　　　　　　　　　　　　　　　　　　答え

2 三りん車が８台あったら、タイヤはぜんぶで何こになるでしょう。

しき　　　　　　　　　　　　　　　　　　　　　　　答え

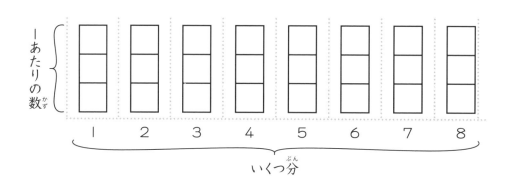

１あたりの数

１　２　３　４　５　６　７　８

いくつ分

3 計算をしましょう。

① ３×１＝　　　　② ３×２＝　　　　③ ３×３＝

④ ３×４＝　　　　⑤ ３×５＝　　　　⑥ ３×６＝

⑦ ３×７＝　　　　⑧ ３×８＝　　　　⑨ ３×９＝

2年の
さんすう
33

単元 かけ算
4 のだん

べんきょうした日 _____ 月 ____ 日

なまえ

1 自動車が5台あります。タイヤはぜんぶで何こでしょう。
（自動車のタイヤは、1台あたり4こです。）

① 1あたりの数　（　　　　　　　　）　　いくつ分　（　　　　　　　　）

②

しき　　　　　　　　　　　　　　　　　　　　　答え

2 自動車が7台あったら、タイヤはぜんぶで何こになるでしょう。

しき　　　　　　　　　　　　　　　　　　　　　答え

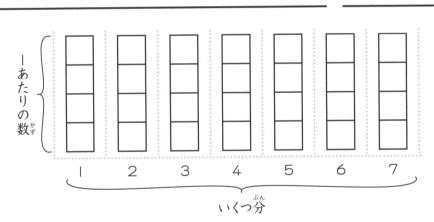

ーあたりの数

1　2　3　4　5　6　7

いくつ分

3 計算をしましょう。

① 4 × 1=

② 4 × 2=

③ 4 × 3=

④ 4 × 4=

⑤ 4 × 5=

⑥ 4 × 6=

⑦ 4 × 7=

⑧ 4 × 8=

⑨ 4 × 9=

2 年の
さんすう
34 〉 単元 **かけ算**
6 のだん

べんきょうした日	月	日
なまえ		

1 クワガタムシが 4 ひきいます。足はぜんぶで何本でしょう。
　（クワガタムシの足は、1 ぴきあたり 6 本です。）

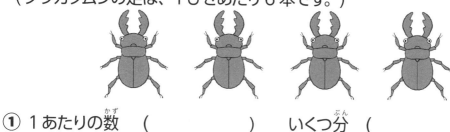

① 1 あたりの数　（　　　　　　　）　　　いくつ分　（　　　　　　　）

②

しき _____　　　　　答え _____

2 クワガタムシが 8 ひきいたら、足はぜんぶで何本になるでしょう。

しき _____　　　　　答え _____

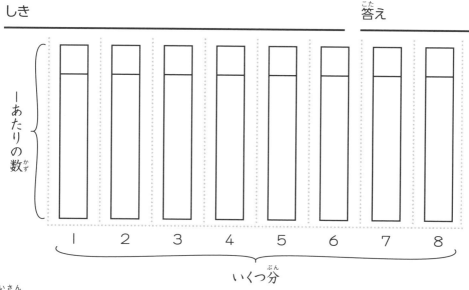

ーあたりの数

いくつ分

3 計算をしましょう。

① 6 × 1 =　　　② 6 × 2 =　　　③ 6 × 3 =

④ 6 × 4 =　　　⑤ 6 × 5 =　　　⑥ 6 × 6 =

⑦ 6 × 7 =　　　⑧ 6 × 8 =　　　⑨ 6 × 9 =

2年の
さんすう
35

単元 **かけ算**
7のだん

べんきょうした日 ＿＿＿＿＿ 月 ＿＿＿ 日

なまえ

1 ナナホシテントウの羽には、丸いほしが7こあります。ナナホシテントウが5ひきいたら、ほしはぜんぶで何こでしょう。（ほしは、1ぴきあたり7こです。）

① 1あたりの数　（　　　　　　　　　）　　いくつ分（　　　　　　　　　）

②

しき ＿＿＿＿＿＿＿＿＿＿＿＿＿　　答え ＿＿＿＿＿＿＿＿＿＿

2 ナナホシテントウが6ぴきいたら、ほしはぜんぶで何こになるでしょう。

しき ＿＿＿＿＿＿＿＿＿＿＿＿＿＿＿＿＿　　答え ＿＿＿＿＿＿＿＿＿

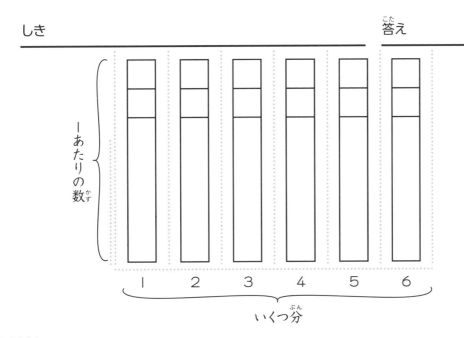

3 計算をしましょう。

① $7 \times 1 =$　　　② $7 \times 2 =$　　　③ $7 \times 3 =$

④ $7 \times 4 =$　　　⑤ $7 \times 5 =$　　　⑥ $7 \times 6 =$

⑦ $7 \times 7 =$　　　⑧ $7 \times 8 =$　　　⑨ $7 \times 9 =$

1 ロールパンが、1ふくろに8こずつ入っています。4ふくろでは、ぜんぶで何こになりますか。

 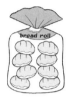  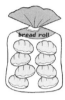

① 1あたりの数　（　　　　　　　　）　　いくつ分（　　　　　　　　）

②

しき	答え

2 6ふくろでは、ぜんぶで何こになりますか。

しき	答え

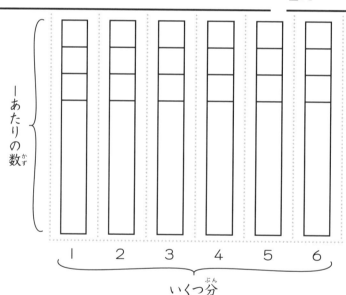

3 計算をしましょう。

① 8 × 1 =　　② 8 × 2 =　　③ 8 × 3 =

④ 8 × 4 =　　⑤ 8 × 5 =　　⑥ 8 × 6 =

⑦ 8 × 7 =　　⑧ 8 × 8 =　　⑨ 8 × 9 =

べんきょうした日　　　　月　　　日

なまえ

1 ドーナツが1ふくろに9こずつ入っています。5ふくろあったら、ドーナツはぜんぶで何こになりますか。

① 1あたりの数　（　　　　　　　）　　いくつ分（　　　　　　　　　）

②

　しき　　　　　　　　　　　　　　　　　　　　答え

2 9ふくろでは、ドーナツはぜんぶで何こになりますか。

しき　　　　　　　　　　　　　　　　　　　　答え

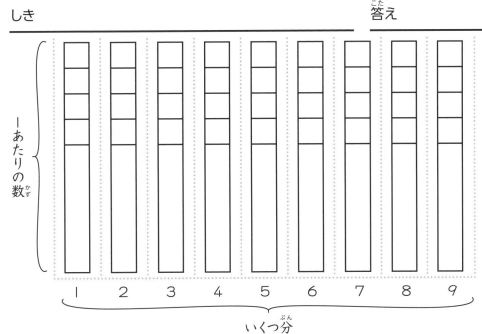

3 計算をしましょう。

① $9 × 1 =$　　② $9 × 2 =$　　③ $9 × 3 =$

④ $9 × 4 =$　　⑤ $9 × 5 =$　　⑥ $9 × 6 =$

⑦ $9 × 7 =$　　⑧ $9 × 8 =$　　⑨ $9 × 9 =$

2年の
さんすう
38

単元 かけ算
れんしゅう1

べんきょうした日　　　　月　　　日

なまえ

1 かけ算のれんしゅうをしましょう。

① 2 × 1 =　　⑩ 3 × 1 =　　⑲ 4 × 1 =　　㉘ 5 × 1 =

② 2 × 2 =　　⑪ 3 × 2 =　　⑳ 4 × 2 =　　㉙ 5 × 2 =

③ 2 × 3 =　　⑫ 3 × 3 =　　㉑ 4 × 3 =　　㉚ 5 × 3 =

④ 2 × 4 =　　⑬ 3 × 4 =　　㉒ 4 × 4 =　　㉛ 5 × 4 =

⑤ 2 × 5 =　　⑭ 3 × 5 =　　㉓ 4 × 5 =　　㉜ 5 × 5 =

⑥ 2 × 6 =　　⑮ 3 × 6 =　　㉔ 4 × 6 =　　㉝ 5 × 6 =

⑦ 2 × 7 =　　⑯ 3 × 7 =　　㉕ 4 × 7 =　　㉞ 5 × 7 =

⑧ 2 × 8 =　　⑰ 3 × 8 =　　㉖ 4 × 8 =　　㉟ 5 × 8 =

⑨ 2 × 9 =　　⑱ 3 × 9 =　　㉗ 4 × 9 =　　㊱ 5 × 9 =

1 かけ算のれんしゅうをしましょう。

① $6 \times 1 =$　⑩ $7 \times 1 =$　⑲ $8 \times 1 =$　㉘ $9 \times 1 =$

② $6 \times 2 =$　⑪ $7 \times 2 =$　⑳ $8 \times 2 =$　㉙ $9 \times 2 =$

③ $6 \times 3 =$　⑫ $7 \times 3 =$　㉑ $8 \times 3 =$　㉚ $9 \times 3 =$

④ $6 \times 4 =$　⑬ $7 \times 4 =$　㉒ $8 \times 4 =$　㉛ $9 \times 4 =$

⑤ $6 \times 5 =$　⑭ $7 \times 5 =$　㉓ $8 \times 5 =$　㉜ $9 \times 5 =$

⑥ $6 \times 6 =$　⑮ $7 \times 6 =$　㉔ $8 \times 6 =$　㉝ $9 \times 6 =$

⑦ $6 \times 7 =$　⑯ $7 \times 7 =$　㉕ $8 \times 7 =$　㉞ $9 \times 7 =$

⑧ $6 \times 8 =$　⑰ $7 \times 8 =$　㉖ $8 \times 8 =$　㉟ $9 \times 8 =$

⑨ $6 \times 9 =$　⑱ $7 \times 9 =$　㉗ $8 \times 9 =$　㊱ $9 \times 9 =$

べんきょうした日　　　　月　　　　日

なまえ

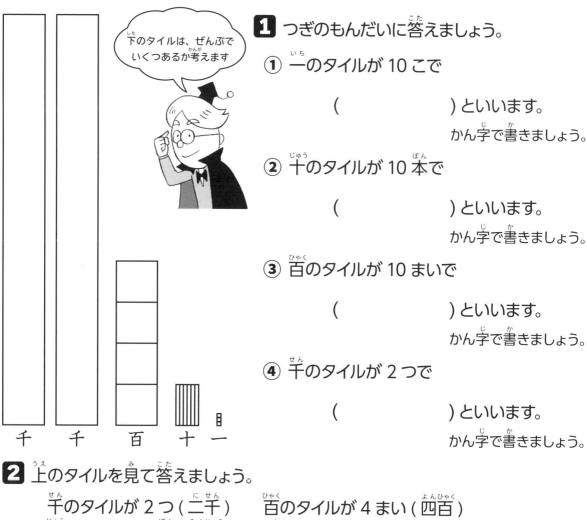

下のタイルは、ぜんぶで
いくつあるか考えます

1 つぎのもんだいに答えましょう。

① 一のタイルが 10 こで

（　　　　　　　　　　）といいます。

かん字で書きましょう。

② 十のタイルが 10 本で

（　　　　　　　　　　）といいます。

かん字で書きましょう。

③ 百のタイルが 10 まいで

（　　　　　　　　　　）といいます。

かん字で書きましょう。

④ 千のタイルが 2 つで

（　　　　　　　　　　）といいます。

かん字で書きましょう。

千　　千　　百　　十　一

2 上のタイルを見て答えましょう。

千のタイルが 2 つ（二千）　　百のタイルが 4 まい（四百）
十のタイルが 6 本（六十）　　一のタイルが 3 こあります。

① 二千と四百六十三を合わせた数を（　　　　　　　　　　）といいます。

かん字で書きましょう。

② 二千四百六十三は、数字で（　　　　　　）と書きます。

3 つぎの数を数字で書きましょう。

① 三千七百八十九　（　　　　　　　　）　② 四千三百二十五　（　　　　　　　　）

③ 六千二百七十五　（　　　　　　　　）　④ 千百八十五　（　　　　　　　　）

数字 タイル ことば

1 タイルを見て、数字とことばになおしましょう。

千のタイルはとても長いので
丸めて右のように表します。 千之巻

①
数字

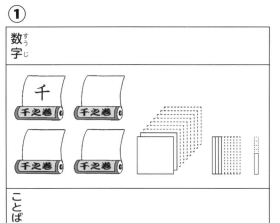

ことば

②
数字

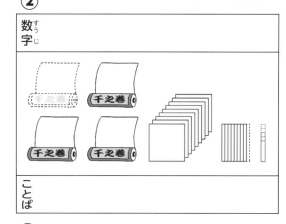

ことば

③
数字

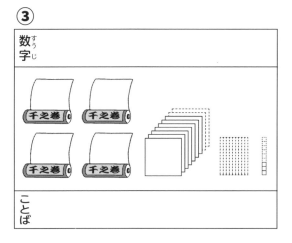

ことば

④
数字

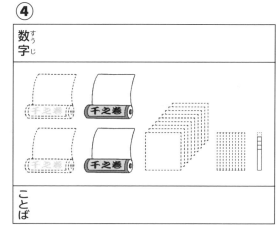

ことば

2 つぎの数をかん字で書きましょう。

① 1763　（　　　　　　　　　）　② 2430　（　　　　　　　　　）

③ 7095　（　　　　　　　　　）　④ 5004　（　　　　　　　　　）

3 かん字を数字になおしましょう。

① 二千四百三十五（　　　　　　　）　② 千三百八十三（　　　　　　　）

③ 六千　（　　　　　　）　④ 七千八　（　　　　　　　）

2年の
42
さんすう

単元 **4けたの数**
じゅんばんに

べんきょうした日　　　月　　　日

なまえ

1 下の線を見て、答えましょう。

① いちばん小さい1めもりの数は、いくつですか。　（　　　　　　）

② ア、イ、ウのめもりがあらわす数はいくつですか。

　　ア（　　　　　　）　イ（　　　　　　）　ウ（　　　　　　）

③ 3500をあらわすめもりに矢印を書きましょう。

④ □の中にあてはまる数字を書きましょう。

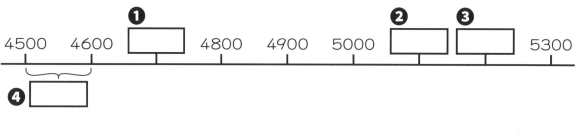

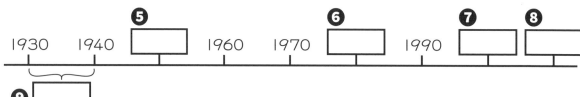

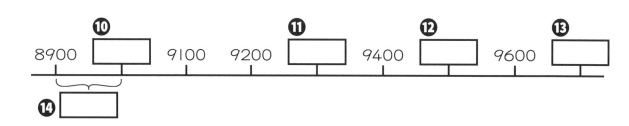

2年の
43
さんすう

単元 線をひく練習
直線をひくと…1

べんきょうした日 ___ 月 ___ 日

なまえ

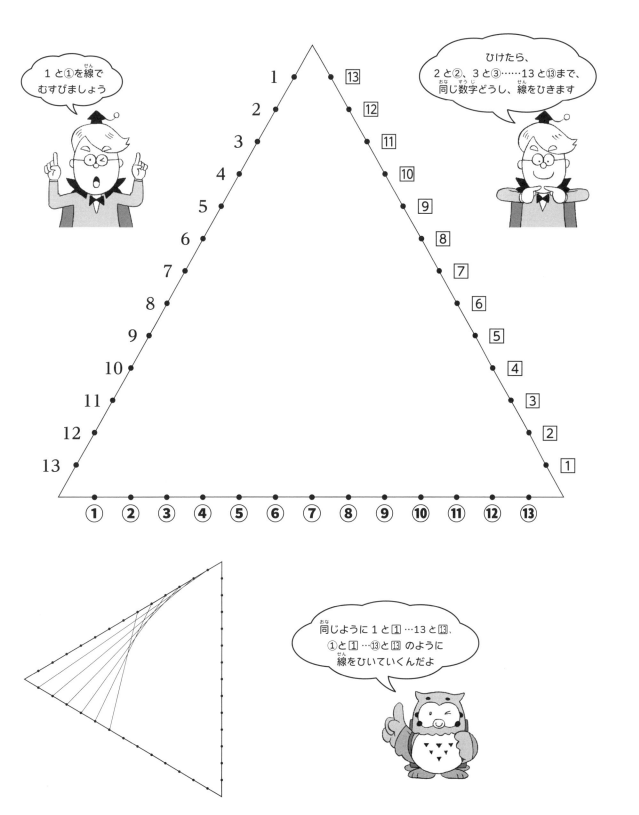

1 と①を線で
むすびましょう

ひけたら、
2と②、3と③……13と⑬まで、
同じ数字どうし、線をひきます

同じように 1 と ① …13 と ⑬、
①と ① …⑬と ⑬ のように
線をひいていくんだよ

2年の
さんすう
44

単元 **線をひく練習**
ちょくせん
直線をひくと…2

べんきょうした日　　　　　月　　　　　日

なまえ

1と①、2と②、3と③……
というように、
となりあった同じ数字どうし、
線をひきましょう

まっすぐに
ひくのね

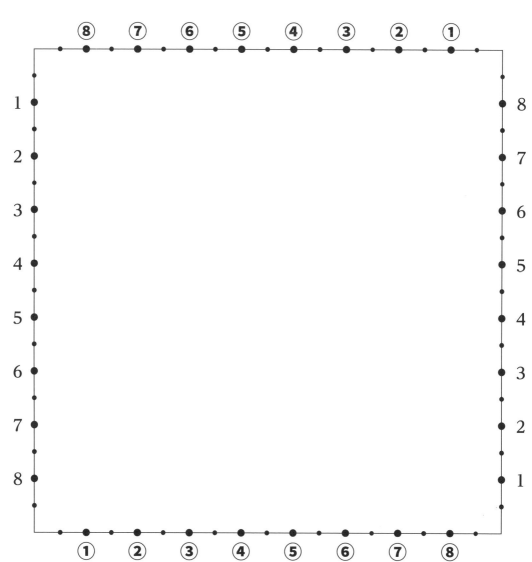

2年の
45
さんすう

単元 **長さ**
長さくらべ

べんきょうした日 　　　月　　　日

なまえ

1 絵を見て答えましょう。いくつありますか。

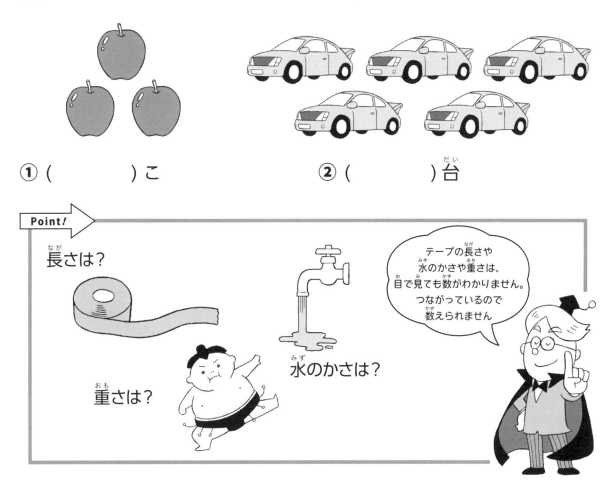

① (　　　　) こ

② (　　　　) 台

Point!

長さは？

水のかさは？

重さは？

テープの長さや
水のかさや重さは、
目で見ても数がわかりません。
つながっているので
数えられません

2 絵を見て考えましょう。えんぴつとボールペンはどちらが長いでしょう。

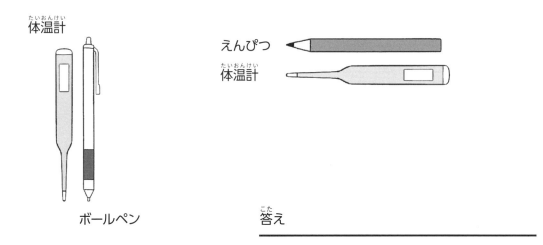

体温計

ボールペン

えんぴつ

体温計

答え

1 にんじんとだいこんは、それぞれけしごむ何こ分でしょう。

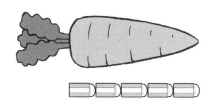 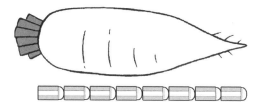

① けしごむ（　　　）こ分　　　② けしごむ（　　　）こ分

2 きゅうりとなすは、それぞれクレパス何本分でしょう。

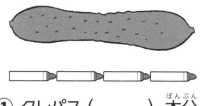 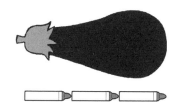

① クレパス（　　　）本分　　　② クレパス（　　　）本分

☆ 長さのたんい「cm」のれんしゅうをしましょう。

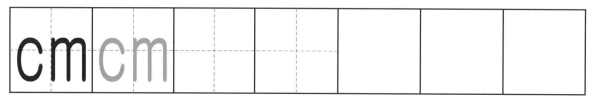

3 何cmでしょう。

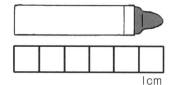

① クレパス（　　　）cm

② クリップ（　　　）cm

> **1**のにんじん（5こ）と、**2**のきゅうり（4本）は
> どちらが長いでしょうか。
> 5は4より大きいけど、
> けしごむとクレパスの長さがちがうので
> くらべることができませんね

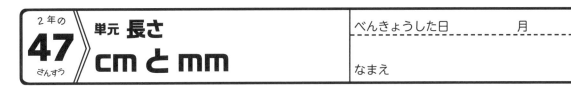

2年の
47
さんすう

単元 **長さ**
cm と mm

べんきょうした日 ___ 月 ___ 日

なまえ

1 何 cm でしょう。ものさしではかりましょう。

① ▬▬▬▬▬▬▬▬▬　　（　　　）cm

② ▬▬▬▬▬▬▬▬▬▬▬

（　　　）cm

☆ 長さのたんい「mm」のれんしゅうをしましょう。

mm	mm						

2 何 cm 何 mm でしょう。

① ホチキス（　　　）cm（　　　）mm

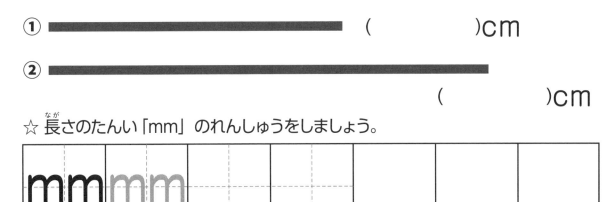

② キャップ（　　　）cm（　　　）mm

3 ものさしではかって、赤えんぴつでつぎの長さの線をひきましょう。

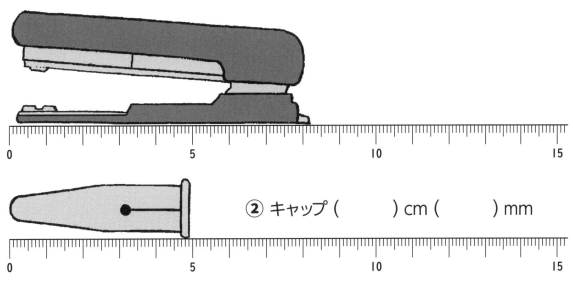

① 5cm4mm ├────────────

② 3cm2mm ├────────────

単元 **長さ**
メートル（m）

☆ 長さのたんい「m」のれんしゅうをしましょう。

m	m						

1 右の絵の長さはどれくらいかな。線でむすびましょう。

① 1m　　・

② 1cm　　・

③ 1mm　　・

・ ❶ （ゆびのつめのはば）

・ ❷ （えんぴつのしんの太さ）

・ ❸ （両手を広げた長さ）

2 □に数を書きましょう。

① 100cm = □ m

② 1cm = □ mm

③ 2m = □ cm

④ 40mm = □ cm

3 □に数を書きましょう。

① 5cm4mm = □ mm

② 28mm = □ cm □ mm

③ 2m45cm = □ cm

④ 268cm = □ m □ cm

⑤ 3m7cm = □ cm

2年の
49
さんすう

単元 **長さ**
長さのたし算ひき算

べんきょうした日　　　月　　　日

なまえ

1 長さのたし算をしましょう。

① 5cm ＋ 7cm =

② 4mm ＋ 2mm =

③ 4cm3mm ＋ 6cm5mm =

2 長さのひき算をしましょう。

① 8cm − 2cm =

② 9mm − 3mm =

③ 6cm4mm − 2cm2mm =

④ 12cm6mm − 12cm =

3 長さのたし算をしましょう。

① 3m ＋ 6m=

② 4m20cm ＋ 2m40cm =

③ 6m80cm ＋ 4m =

④ 8m ＋ 60cm=

4 長さのひき算をしましょう。

① 12m − 8m=

② 8m70cm − 2m50cm=

③ 16m60cm − 5m=

2年の
50
さんすう
単元 三角形と四角形
よく見てみよう

べんきょうした日　　　　月　　　日

なまえ

1 図を見て、答えましょう。

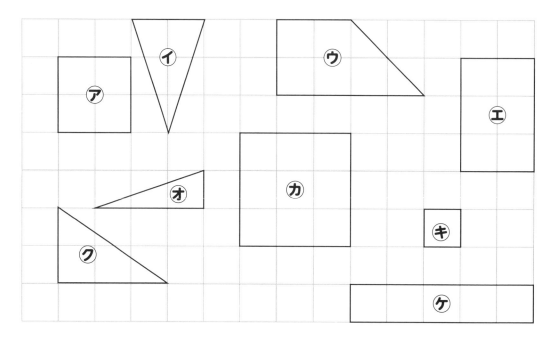

① 長方形はどれでしょう。　　　（　　）（　　）

② 正方形はどれでしょう。　　　（　　）（　　）（　　）

③ 直角三角形はどれでしょう。　（　　）（　　）

④ 辺はいくつありますか。　　長方形（　　）本

　　　　　　　　　　　　　　正方形（　　）本

　　　　　　　　　　　　直角三角形（　　）本

⑤ ちょうてんはいくつありますか。長方形（　　）こ

　　　　　　　　　　　　　　正方形（　　）こ

　　　　　　　　　　　　直角三角形（　　）こ

2年の
さんすう
51

単元 **三角形と四角形**
かいてみよう

べんきょうした日　　　　月　　　日

なまえ

1 たて 3cm、よこ 4cm の長方形（ちょうほうけい）と、
1つの辺（へん）が 3cm の正方形（せいほうけい）をかきましょう。

2 直角（ちょっかく）になる2つの辺（へん）の長（なが）さが 4cm と 3cm の直角三角形（ちょっかくさんかくけい）をかきましょう。

3 三角形（さんかくけい）を見（み）つけて色（いろ）をぬりましょう。

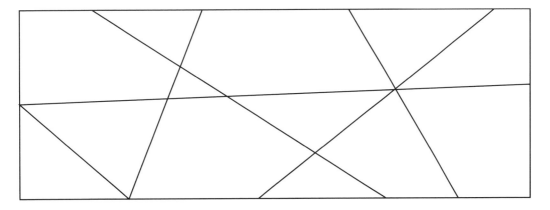

解答と解説

2年生

時こくと時間

> 1時間も1分間も、1週間も1年間も「時間」です。
> 時間には短い時間も長い時間もありますが、時刻は量
> ではないので、長さも大きさもありません。

P6　01　時計を読む

1 ①5時／②8時／③2時／④4時／⑤9時／⑥11時

2 ①15分／②38分／③51分

P7　02　分と時

1 ①1時／②1時1分／③1時10分／④1時45分／
⑤2時

2 ①1分間／②60分間／③1時間

3 ①60分間／②70分間／③1時間20分

4 ①2時40分／②2時30分／③2時10分／
④2時50分

P8　03　午前と午後

1 ①午前／②正午／③午後／④24時間

2 ①午前6時10分／②午前8時25分／③午後1時40分
④午後8時52分／⑤午後10時59分

2けたのたし算

> 解答の式に助数詞や単位をつけました。3m+20cmなど
> では単位は必須です。助数詞はつけなくても正解ですが、
> つけることで場面を想像できます。

P9　04　タイル

1 ①26／②34

P10　05　ひっ算

1 ①12／②15／③16／④3／⑤9／⑥8／⑦6

2
①
```
  1 4
-   7
    7
```
②
```
  1 6
-   7
    9
```
③
```
  1 2
-   4
    8
```
④
```
  1 1
-   2
    9
```

P11　06　2けたのたし算1

1 ①しき　23人+24人／②右図参照 47人

2 ①94／②97／③94／④57／
⑤66／⑥86／⑦94／⑧75

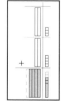

P12　07　2けたのたし算2

1 ①しき　16本+3本／
②右図参照／答え　19本

2 ①78／②19／③67／④98

3
①
```
  4 0
+   5
  4 5
```
②
```
  2 0
+   8
  2 8
```
③
```
    4
+ 7 0
  7 4
```
④
```
    2
+ 9 0
  9 2
```

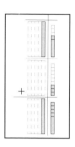

P13　08　2けたのたし算3

1 ①92／②92／③83／④86／⑤81／⑥72／
⑦42／⑧97／⑨66／⑩72／⑪92／⑫40

P14　09　2けたのたし算4

1 ①34／②52／③47／④61／⑤52／⑥36／
⑦31／⑧41

2
①
```
    3
+ 2 8
  3 1
```
②
```
    4
+ 4 9
  5 3
```
③
```
    5
+ 8 6
  9 1
```
④
```
    9
+ 2 3
  3 2
```
⑤
```
  5 2
+   8
  6 0
```
⑥
```
    7
+ 3 9
  4 6
```
⑦
```
    6
+ 2 4
  3 0
```
⑧
```
    4
+ 3 6
  4 0
```

P15　10　ぶんしょうもんだい　　　ひっ算

1 ①しき　36円+47円
答え　83円
②しき　36分+28分
答え　64分
③しき　54台+8台
答え　62台
④しき　29人+28人
答え　57人

①
```
  3 6
+ 4 7
  8 3
```
②
```
  3 6
+ 2 8
  6 4
```
③
```
  5 4
+   8
  6 2
```
④
```
  2 4
+ 2 8
  5 7
```

2けたのひき算

> くり下がりのあるひき算は難しいですね。「十の位の1本を、
> 一の位の10個に取り替えて」のように話をしながら練習
> しましょう。

P16　11　2けたのひき算1

1 しき　58ページ-24ページ
右図参照／答え　34ページ

2 ①15／②21／③12／
④67／⑤13／⑥30／
⑦17／⑧17／⑨30

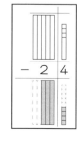

P17　12　2けたのひき算 2

1 しき　29羽—23羽
右図参照／答え　6羽

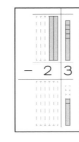

2 ①6／②3／③8／
④6／⑤2／⑥1
⑦0／⑧33／⑨22

P18　13　2けたのひき算 3

1 ①19／②34／③33／④33／⑤34／⑥28／
⑦5／⑧8／⑨8／⑩2／⑪7／⑫7

P19　14　2けたのひき算 4

1 ①24／②47／③68／④58／⑤18／⑥51／
⑦44／⑧19

2
```
①   57      ②   40      ③   36      ④   80
  − 2 9        − 1 7        − 2 9        − 6 1
    2 8          2 3            7          1 9

⑤   54      ⑥   63      ⑦   40      ⑧   30
  −   6        −   8        −   2        −   5
    4 8          5 5          3 8          2 5
```

P20　15　ぶんしょうもんだい

1 ①しき　73びき−46ぴき
答え　27ひき
```
  7 3
− 4 6
  2 7
```

②しき　48まい−39まい
答え　9まい
```
  4 8
− 3 9
    9
```

③しき　54こ−28こ
答え　26こ
```
  5 4
− 2 8
  2 6
```

④しき　47本−29本
答え　赤えんぴつが18本多い
```
  4 7
− 2 9
  1 8
```

3けたの数

> 「二百五十四」の「百・十」は位を表します。〇で囲むと、
> 「二⑩五⑩四」となります。位取り表を用意して2と5と
> 4を入れると「254」となります

P22　16　りんごの数は？

1 ①百／②2まい・3本・6こ／③236

P23　17　数字　タイル　ことば

1 ①数字：133　ことば：百三十三
②数字：416　ことば：四百十六
③数字：420　ことば：四百二十
④数字：307　ことば：三百七

⑤数字：200　ことば：二百

P24　18　どちらが大きい？

1 ①＜／②＜／③＞／④＞／⑤＝／⑥＞／⑦＜／
⑧＜／⑨＜／⑩＝／⑪＞

P25　19　じゅんばんに

1 ① ❶298 ❷299 ❸300 ❹301 ❺302 ❻303
❼304 ❽305
② ❶190 ❷200 ❸220 ❹230 ❺240 ❻250 ❼260
③ ❶990 ❷991 ❸992 ❹993 ❺998 ❻999
❼1000
④ ❶0 ❷100 ❸200 ❹500 ❺700 ❻900 ❼1000

2 ❶10／❷160／❸310／❹400／❺490

P26　20　10がいくつ？

1 ①100円／②140円／❶480／❷770／❸910
③20こ／④23こ／❶36／❷78／❸99

かさ

> 1Lの水を飲めるでしょうか。1mLの水は手のひらにの
> るでしょうか。単位換算も大事ですが、量の大きさを
> 想像できることもとても大事です。

P28　21　どちらが多い？

1 ①-❶／②-❶／③-❷／④-❷／
2 ①-❷／②-❶／③-❸／④-❹
3 （イ）のほうが、ティーカップ（1）ぱい分多い
4 （ペットボトル）のほうが、コップ（1）ぱい分多い

P29　22　リットル（L）

1 ①コップで（5）はい／②ゆのみちゃわんで（3）ぱい
2 ① 2L／② 3L

P30　23　デシリットル（dL）

1 ① 9dL／② 3L5dL／③ 2L7dL
2 ① 40dL／② 2L5dL

P31　24　センチリットル（cL）

1 ① 3L5dL3cL／② 2L3dL5cL
2 ①

②

かけ算

「1箱あたり5個」は「5個／箱」と表します。式に助数詞をつけると＜5個／箱×4箱＝20個＞となりますが、少し難しいので＜5個×4箱＞としました。

４けたの数

数直線の目盛り読みは１目盛がいくつかがわかれば難
しくありません。また、10目盛りがいくつかわかれば、
それより１桁小さい数が１目盛の大きさです。

線をひく練習

直線をひいていくときれいな模様ができます。おや？　真ん
中に曲線が見えますね。丸い１円玉も顕微鏡では直線に
見えます。算数には不思議がいっぱいです。

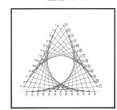
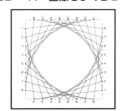

長さ

ものさしの端は０㎝です（そうでないものもあります）。端
は１㎝ではありません。端に立って、「はじめの一歩」で１
㎝進んだところが「１㎝」です。

三角形と四角形

３本の辺があるのが三角形、４本あれば四角形、５本あ
れば五角形です。正方形と長方形は四角形の仲間です。
身近なところにあります。探してみましょう。

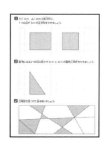

● プロフィール ●

岩村繁夫 （いわむら しげお）

東京の公立小学校に勤めて今年度（2023）で49年目。
現在も1週間に20時間の算数の授業を担当しています。
数学教育協議会に所属し、教材創りや教育のあり方など
について全国の先生方と意見交流を続けています。

著書
『算数の本質がわかる授業⑤ いろいろな量』（日本標準）、
『いきいき算数4年の授業』『いきいき算数プリント4年』
（ひまわり社）、『比例の発見』（太郎次郎社）
主な共著
『5分の準備でクイック算数遊び＆パズル』『つまずき解
消！クイック算数上達法』（いかだ社）、『数と図形のせか
い』（玉川出版局）

片桐裕昭 （かたぎり ひろあき）

東京の公立小学校に勤めて今年度（2023）で38年目。
数学教育協議会に所属。
「当たり前をほめる。子どものやる気を引き出す」をモッ
トーに、学級経営・教科経営に取り組んでいます。

共著
『ゲームであそぼう 算数・数学』『子どもがよろこぶ算数
活動』（国土社）、『算数・数学つまずき事典』『算数・数
学わくわく道具箱』（日本評論社）、『まるごと授業 算数
5年』（喜楽研）

イラスト●やまね あつし
編集●内田直子

すきま時間にできる！ 楽しい算数ワーク【小学2年生】

2023年3月12日　第1刷発行

著　者●岩村繁夫・片桐裕昭
発行人●新沼光太郎
発行所●株式会社いかだ社
　　　　〒102-0072　東京都千代田区飯田橋 2-4-10　加島ビル
　　　　Tel.03-3234-5365　Fax.03-3234-5308
　　　　E-mail info@ikadasha.jp
　　　　ホームページ URL http://www.ikadasha.jp/
　　　　振替・00130-2-572993
印刷・製本　モリモト印刷株式会社